नमो: गाथा

मोदी....एक विचार

प्रवीन कुमार 'पर्व'

Publisher: Invincible Publishers
Address: G120 Sushant Lok III Sector 57
Gurgaon-122022
Phone: +91-9599667779
ISBN: 978-938614891-9

प्रत्येक भारतीय अक्सर एक बात कहता है कि "हमारी राजनीतिक, सामाजिक तथा आर्थिक परिस्थिति में परिवर्तन होना चाहिए।" इसी एक सामाजिक सोच को आधार मानकर जब मैं पिछले कुछ वर्षों में भारतीय राजनीतिक, सामाजिक व आर्थिक परिदृश्य में हो रहे परिवर्तन तथा उस परिवर्तन से उत्पन्न हो रही उथल-पुथल को देखता हूँ तो उसमें बहुत गहराई तक उतर जाने का मन होता है। इसी कड़ी में अक्सर स्वयं ही को दो पक्षों में, अर्थात पक्ष और विपक्ष में बाँटकर प्रत्येक घटनाचक्र का बड़ी उत्सुकता से आँकलन करने में एक अद्भुत आनन्द मिलता है।

यह सत्य मैं स्वीकार करता हूँ कि निष्पक्षता के साथ किसी भी घटनाक्रम का आँकलन तो किया जा सकता है, परन्तु प्रत्येक व्यक्ति अपने व्यक्तिगत विचारों के आधार पर जिस पक्ष को खरा उतरता पाता है, वह उसी पक्ष का समर्थक हो जाता है।

मेरी यह 'काव्य रचना' जो आज आपके समक्ष है, इसमें मैंने भारतीय समाज के राजनीतिक, सामाजिक व आर्थिक रूप से पिछले कुछ वर्षों में घटित घटनाक्रमों को अपने व्यक्तिगत विचारों के आधार पर आँकलन कर, इसे अपने काव्य के द्वारा एक सुन्दर रूप देने

का प्रयास किया है। इस 'काव्य रचना' का शीर्षक **'नमोःगाथा'** यह स्पष्ट करता है कि इस 'काव्य रचना' का अंतर्विषय क्या है।

मैं पुनः स्पष्ट करना चाहूँगा कि यह पुस्तक तथा इसमें समाहित प्रत्येक विचार मेरे निजी विवेक पर आधारित हैं तथा मैं यह भी स्वीकार करता हूँ कि प्रत्येक व्यक्ति के विचार भिन्न-भिन्न हो सकते हैं। यदि किसी व्यक्ति को इस पुस्तक में प्रकाशित किसी विचार से असहमति हो तो वह इसे अपनी तथा मेरी वैचारिक भिन्नता के रूप में ही समझें। इस प्रकार मैं आशा करता हूँ कि आप सभी मेरी इस पुस्तक **'नमोःगाथा'** में समाहित विचारों का, इस 'काव्य रचना' की काव्य शैली का तथा समाज के लिए कुछ संदेशों का बड़ी तल्लीनता से आनन्द लेंगे।

आपका

प्रवीन कुमार 'पर्व'

Email: parveenkumarparvv@gmail.com

वर्तमान भारतीय राजनीतिक परिदृश्य में भारत के प्रधानमंत्री आदरणीय श्री नरेन्द्र मोदी जी को मैं सर्वश्रेष्ठ नेतृत्व के रूप में इसलिए देखता हूँ क्योंकि उनके समक्ष कोई अन्य कहीं पर भी दिखायी नहीं पड़ता। शायद इस बात को उनके धुर-विरोधी भी स्वीकार कर चुके हैं तभी तो प्रत्येक बार वे सभी मोदी जी की साफ छवि के समक्ष जब किसी को खड़ा करने योग्य नहीं पाते तो प्रत्येक बार मोदी जी की ही एक काल्पनिक दागी छवि का निर्माण करने में लग जाते हैं। यह काव्य रचना इसी बात को आधार बनाकर चलती है।

मैं पर्व हूँ, मैं कवि हूँ,
मैं कविता गाता हूँ।
अपने प्रत्येक शब्द में,
राष्ट्र की व्यथा सुनाता हूँ।।
ना बुराई ही करूँ किसी की,
और ना प्रशंसा ही।
एक आईना दिखाता हूँ,
राष्ट्र के हालात सुनाता हूँ।।
मैं पर्व हूँ, मैं कवि हूँ,
मैं कविता गाता हूँ।

अपने प्रत्येक शब्द में,
राष्ट्र की व्यथा सुनाता हूँ।।

था राष्ट्र मेरा गिरफ्त में,
कुछ लूटखोरों की।
गिनती नहीं थी घोटालो,
और डाकू व चोरों की।।

प्रत्येक शब्द, प्रत्येक बात,
तीर सी चुभती थी।
शर्मसार कर जाती थी,
हरकत, नेता छिछोरो की।।

कोई व्याप्म, कोई स्पैक्ट्रम,
कोई चारा तक खा गया।
कोई टू-जी, कोई थ्री-जी,
किसी को कोयला भा गया।।

ना बाकी रहे ताबूत,
और कफन शहीदों के।
इस देश की व्यथा,
मैं शब्दों में गाता हूँ।।

मैं पर्व हूँ..........
अपने प्रत्येक.......

हर तरफ आतंक छाया था,
चीखों का शोर था।
जनता को नोचते थे भेड़िये,
नेताओं घर, नाचता मोर था।।

आज भी भारत ही है,
मगर वो भारत कुछ और था।
'इंडिया तो शाईनिंग' दिखा रहे थे,
मगर भारत कमजोर था।।

किसी को अरबों का लोन,
सरलता से मिल गया।
किसी किसान को हजारों के लिए,
पसीना था आ गया।।

कोई अरबों का लोन लेकर,
भाग जाता है यहाँ से।
किसी किसान को हर रोज,
फंदे पर लटका हुआ पाता हूँ।।

मैं पर्व हूँ..........
अपने प्रत्येक.......

ना आता था नजर ईमान कहीं पर,
ना ईमानदारी का दौर था।
ना सुनने वाला ही कोई था,
और कहने वाला भी कौन था।।

गिद्धो की जात हो गयी थी,
नोच-नोच कर खाते नेताओं की।
गिद्धो का नेता एक हंस था,
दुर्भाग्य यह कि, वो मौन था।।

इस देश का मुखिया भी,
चाकर बना दिया।
अपनी मालकिन के सामने,
सरदार गौण था।।

इस लूटतन्त्र को देख रही थी,
उस देश की जनता।
जनता के दिल में उमड़ा,
वो आक्रोश दिखाता हूँ।।

मैं पर्व हूँ..........
अपने प्रत्येक.......

दुनियां की नजरों में तब,
बन गया था बेचारा।
अपाहिज समझकर, कुछ देश,
देते थे हमको सहारा

मालकिन के चाकर का,
ऐसा ही तो राज था।
करने लगे थे पुराने मित्र भी,
उस समय, हमसे किनारा।।

देश में मची थी जो लूट,
बाहर ले जाने की छूट थी।
इंडिया चमक रहा है,
ये बात सरासर झूठ थी।।

देश को पीछे छोड़ दिया,
जनता के सपने तोड़ दिये।
इस कारण जो उत्पन्न हुआ,
वो प्रकोप सामने लाता हूँ।।

मैं पर्व हूँ..........
अपने प्रत्येक.......

उस समय जब गुजरने लगा,
सिर से ऊपर था पानी।
इस देश को बचाने की,
जिस वीर ने मन में थी ठानी।।

क्रोध में और रोष में,
बैठी थी जो जनता।
वो साथ में चलने लगी,
साथ चली थी जवानी।।

कोई 'आँधी आ गयी',
कोई लहर बता रहा।
मगर हकीकत में शुरू हुई थी
एक अनोखी कहानी।।

ये पुनः प्रतिष्ठा का यज्ञ था,
देश की एक पुकार थी।
आप सभी को वीर मोदी की,
परचम गाथा सुनाता हूँ।।

मैं पर्व हूँ..........
अपने प्रत्येक.......

तुम लोगों को डुबो गयी,
वो 'मोदी लहर' नहीं थी रे।
कुकर्म तुम्हारे भारी थे,
मोदी कोई नहर नहीं थी रे।।

जनता ने तुमको सबक दिया,
ना भूल इसे तुम जाना।
ये जनता का कहर था बरसा,
मोदी की बहर नहीं थी रे।।

"मैं राष्ट्र को ना झुकने दूँगा",
यह कसम उठाने वाला है।
बिना रूके, बिना झिझके,
ये कदम उठाने वाला है।।

है जिसके लिए ये देश ही सब,
जो देशभक्त मतवाला है।
मैं तुम्हें उस वीर मोदी की,
लोकप्रियता के दर्श कराता हूँ।।

मैं पर्व हूँ..........
अपने प्रत्येक.......

मोदी गुजरात में बैठा था,
इस देश की सत्ता तुम पर थी।
जनता ने मोदी को चुन लिया,
इस देश की व्यथा तुमसे थी।।

गुजरात से वो स्वयं आया नहीं,
जनता उसको ले आई।
इस देश को उसने बचा लिया,
इस देश की हत्या तुमसे थी।।

सारी जनता देख रही,
मैं भी यह सच देख रहा।
कीचड़ में डूबा हर नेता,
मोदी पर कीचड़ फेंक रहा।।

फेंक-फेंक कर मर जाओ,
तुम जितना कीचड़ फेंक सको।
राष्ट्र-भक्त हूँ, राष्ट्र-भक्त का,
दुग्धाभिषेक कराता हूँ।।

मैं पर्व हूँ..........
अपने प्रत्येक.......

मैं जिस मोदी को गा रहा,
वो मेरा कोई सगा नहीं।
पर बात जो मुझको भायी है,
उसने देश को ठगा नहीं।।

जन-जन का जागरण हुआ,
सारा देश ही जाग गया।
कुछ लूटखोरों का लेकिन,
स्वाभिमान अभी तक जगा नहीं।।

जनमत का अपमान करते,
क्या होगा इन सियारों का?
हर कदम पर काँटें बिछा रहे,
रोकते हैं रास्ता बहारों का।।

वो फिर भी देश को आगे,
निरन्तर लेकर जा रहा।
बस इसीलिए मैं बारम्बार,
मोदी-मोदी गाता हूँ।।

मैं पर्व हूँ..........
अपने प्रत्येक.......

दुनियाँ की नजरों में,
बन गया था जो बेचारा।
आज बन रहा है फिर से,
एक चमकता हुआ सितारा।।

बड़े-बड़े शक्तिशाली,
विश्व के महाशक्ति राष्ट्र भी।
आज साथी बना रहे हैं,
माँग रहे हैं साथ हमारा।।

भूतकाल में जो देश कभी,
एक बात ना सुनते थे।
मेरे देश की हर क्रिया पर,
ना जाने क्यूँ भुनते थे?

आज ऐसा क्या हो गया?
क्या परिवर्तन आया है?
प्रत्येक उस देश को आज,
भारत-भारत गाते पाता हूँ।।

मैं पर्व हूँ..........
अपने प्रत्येक.......

देख रहा हूँ एक अलग सुबह,
पहले जैसी भौर नहीं।
मैं ये करूँगा, मैं वो करूँगा,
ऐसा कोई शोर नहीं।।

पहली बार धरे गये सारे मुद्दे,
सारा परिवेश बदल गया।
मोदी छलिया-मोदी गुण्डा,
मैं पाक-साफ हूँ, चोर नहीं।।

यह कैसा माहौल बना है?
कैसा यह दृश्य बन रहा है?
मोदी वर्सेज मोदी का ही,
युद्ध कैसे ठन रहा?

सारे नेता धरे रह गये,
खुद मोदी को खड़ा किया है।
मोदी वर्सेज मोदी की,
गाथा आज सुनाता हूँ।।

मैं पर्व हूँ..........
अपने प्रत्येक.......

मैं किसी का पक्ष ना करता,
ना किसी के विपक्ष में बैठा।
मैं कर्मो का पक्षकार हूँ,
दुष्कर्मो के विरुद्ध मैं रहता।।

ना किसी से निजी शत्रुता,
ना शत्रुता चाहता हूँ।
पर, कर्मो के प्रवाह में,
निष्पक्ष बहता जाता हूँ।।

राष्ट्र के प्रति अकर्मण्य नेता,
और जनता से बोल रहा।
कर्म तुला पर, कर्तव्यों को,
निष्पक्षता से तौल रहा।।

भ्रष्टाचार में लिप्त हैं नेता,
उदासीन है जनता अपनी।
अपने भारत की इस व्यथा को,
शब्दों में आज सुनाता हूँ।।

मैं पर्व हूँ..........
अपने प्रत्येक.......

दल, संगठन या कहो पार्टी,
नहीं किसी से मुझे मोह है।
राष्ट्रहित का भान जिसे नहीं,
प्रत्येक पर मुझे छोह है।।

देश बदलने की खातिर,
काफी है बस एक देशभक्त।
मुझे तो मोदी दिख रहा है,
तुमको किसकी टोह है।।

स्वयं अगर कुछ कर सकते नहीं,
राष्ट्र की खातिर हम।
देश-भक्त को शक्ति दे दो,
क्यूँ बन जाते शातिर हम?

केवल एक अकेले ने,
एक अकेले देश-भक्त ने।
देश का दृश्य बदल दिया,
आओ तुम्हें यह दृश्य दिखाता हूँ।।

मैं पर्व हूँ..........
अपने प्रत्येक.......

कर्तव्यों को विस्मृत करके,
अधिकारों के लिए लड़े हम।
निज-स्वार्थ की खातिर ही तो,
प्रगति रथ के समक्ष अड़े हम।।

राष्ट्रहित तो भूल ही बैठे,
जात-पात में बँट चुके हैं।
देशद्रोह करने की खातिर,
प्रति क्षण तैयार खड़े हम।।

ऐसे समय तुम ही बतलाओ,
देश का कैसे हो उद्धार?
चुना है उसको, फिर से चुनना,
जो करता हो, राष्ट्र से प्यार।।

नालायक, जो हैं चीखते,
चीखने दो - चिल्लाने दो।
लायक को चुनना हर बार,
यही राह बतलाता हूँ।।

मैं पर्व हूँ..........
अपने प्रत्येक.......

विश्वविजयी, विश्वगुरू-महाशक्ति,
अगर राष्ट्र को बनाना है।
स्वार्थ-स्वार्थ, बस स्वार्थ से,
बाहर निकलकर आना है।।

निज स्वार्थ में डूबे हैं जो,
स्वार्थी ही उन्हें बरगलाते हैं।
स्वयं की स्वार्थ पूर्ति हेतु,
बकरा तुम्हें बनाते हैं।।

सम्भल सको तो स्वयं सम्भलो,
देश को तभी सम्भालोगे।
निज स्वार्थ, जात-पात में बँटकर,
अपनी खुदी मिटालोगे।।

मेरे देश की भोली जनता,
मेरी यह पुकार सुनो।
राष्ट्र नीति पथ अपनाओ,
मैं आवाज लगाता हूँ।।

मैं पर्व हूँ..........
अपने प्रत्येक.......

देश-भक्त को देशद्रोही,
घोषित करना चाहते हैं।
बड़े-बड़े लुटेरे खुद को,
पाक-साफ बताते हैं।।

एक अकेला राष्ट्रभक्त,
निरन्तर आगे बढ़ रहा।
इन भ्रष्टाचारी भेड़ियों की,
छाती पर है चढ़ रहा।।

साथ चलो, सब साथ चलो,
ना साथ कभी यह छोड़ना।
जो हाथ उठे, प्रगति रोके,
उस हाथ को है तोड़ना।।

महानायक है मोदी अपना,
ये खलनायक मोदी बना रहे।
मोदी वर्सेज मोदी की,
षडयन्त्र से परदा उठाता हूँ।।

मैं पर्व हूँ..........
अपने प्रत्येक.......

यह वो मोदी है जिसको,
गुजरात ने हाथों-हाथ लिया।
गुजरात का कर्ज ऐसे चुकाया,
नरसी ने ज्यों भात दिया।।

आतंक का मोदी, काल बना,
नाम-ओ-निशा मिटा दिया।
कुछ मुर्खो ने इसको लेकिन,
सम्प्रदायवाद बता दिया।।

सज्जन का रक्षक जो होता,
दुर्जन को दण्ड देता है।
वही नेतृत्व महान है,
वही तो सच्चा नेता है।।

सम्प्रदाय को बना बहाना,
तुष्टीकरण अपनाते जो।
ऐसे मूर्ख नेताओं को,
खरी-खोटी सुनाता हूँ।।

मैं पर्व हूँ..........
अपने प्रत्येक.......

जो शान्ति को भंग करें,
और जो उत्पात करे।
उसको दण्ड का प्रावधान है,
क्यों उससे हम बात करें?

दोषी को बस दोषी बोलो,
सम्प्रदाय क्यों देख रहे?
बस वोटों के स्वार्थ में आकर,
तुष्टीकरण की बोटी फेंक रहे।।

वो किसी भी दल का नेता,
किसी सम्प्रदाय का नायक हो।
लानत है हर उस शख्स को,
जो संकीर्णता का परिचायक हो।।

देशभक्ति की बात करता हूँ,
देशभक्त का सम्मान करूँ।
अपने भारत देश की खातिर,
अपना सर्वस्व कुर्बान करूँ।।
बस यही गीत मैं गाता हूँ,
यही राह दिखलाता हूँ।।

मैं पर्व हूँ..........
अपने प्रत्येक.......

मोदी पर लाँछन लगाने वालो,
ना इतना तुम शोर करो।
अब तक का राज तुम्हारा था,
इस बात पर भी गौर करो।।

चीख रहे हो मोदी-युग पर,
चिल्लाओं, शोर खूब करो।
अपने युग को गौर से देखो,
पानी से चुल्लू भर, डूब मरो।।

मोदी की नीयत तुम रखते,
देश महाशक्ति होता आज।
विश्वगुरू ये देश जो बनता,
तुम पर भी हम करते नाज।।

राजाओं का परिवार समझ,
देश का वारिस खुद को समझे।
ऐसे-ऐसे युवराजों को,
सत्य दर्पण दिखलाता हूँ।।

मैं पर्व हूँ..........
अपने प्रत्येक.......

मोदी को राक्षस बताते,
'गोधरा' को रोते हैं।
कश्मीर घाटी खाली हो गयी,
चैन से कैसे सोते हैं?

गोधरा-बिसाहडा-कवाल-दादरी,
ये सब कैसे होते हैं?
संकीर्ण सोच वाले कुछ नेता,
तुष्टीकरण के बीज जब बोते हैं।

तुष्टीकरण की नीति को,
अब तो मूर्खो बन्द करो।
राष्ट्र को आगे बढ़ने दो,
रफ्तार ना इसकी मन्द करो।।

जनता जाग गयी है अब,
तुम भी अब सम्भल जाओ।
ना सम्भले तो मिट जाओगे,
यह अहसास दिलाता हूँ।।

मैं पर्व हूँ..........
अपने प्रत्येक.......

मैं जब कभी भी देखता हूँ कि एक दूसरे को चोर-लूटेरा-भ्रष्ट इत्यादि कहने वाले अलग-अलग दलों के नेता, मोदी का नाम आने पर एक ही सुर में गाने लगते हैं, तब मुझे यह अहसास होता है कि इन सभी को मोदी से कुछ तो भय अवश्य है। तभी तो एक अकेले मोदी को रोकने मात्र के लिए ये सभी एक हो जाने को मजबूर हैं, महागठबंधन को मजबूर हैं। लेकिन एक सत्य से इन सभी को जनता ने भी अवगत करा दिया है और वह सत्य यह कि जितना भी आप जनमत का अपमान करोगे, जितना भी आप जनता को मूर्ख समझोगे, उतना ही जनता आपको सबक सिखाती रहेगी।

इन लोगों को क्या लगता है कि इस देश की सारी जनता मूर्ख है, जिसने इन सबको छोड़कर मोदी जी को अपना मत दिया? यदि हाँ तो यह इनकी बहुत बडी भूल है। इनका यह सोचना कि सिर्फ और सिर्फ ये ही समझदार हैं, बाकी वह सारी जनता मूर्ख है, जिसने बस मोदी जी को वोट दिया है। वह सारी जनता क्या इतनी नासमझ है कि सिर्फ मोदी जी के बहकावे भर से उन्हें वोट दे देगी?

तुम कहते 'सौदागर मौत का',
वो विकास पथ का साहू है।
राष्ट्र को लेकर आगे बढ़ता,
मोदी ऐसा महाबाहू है।।

तुम कितने सयाने बन लो पर,
ये तुम सबका ताऊ है।
नीति कृष्ण सरीखी इसकी,
बल में यह बलदाऊ है।।

कोई षडयन्त्र ना रोक पाएगा,
ना यह रूकने वाला है।
ये देश कभी ना झुकने देगा,
ना खुद ही झुकने वाला है।।

राजनीति में हाहाकार मचा है,
महाभारत की आहट है।
कालचक्र का पुनः चक्र है,
मैं इतिहास दोहराता हूँ।।

मैं पर्व हूँ..........
अपने प्रत्येक.......

हिन्दू, मुस्लिम, सिक्ख, ईसाई,
यह गीत तुम्ही तो गाते हो।
अल्पसंख्यक और बहुसंख्यक के,
राग-बेसुरे बजाते हो।।

वोटों की लामबंदी को,
नफरत बाँट रहे हो तुम।
स्वयं कमियों के पुतले होकर,
कमियाँ छाँट रहे हो तुम।।

क्यूँ कहना है हिन्दू-मुस्लिम,
क्यू सिक्ख-ईसाई कहना है?
क्यूँ नही हम सभी को,
भारतीय बन रहना है?

जात-धर्म से ऊपर उठकर,
जिनको भारतीय बनना है।
उन्हीं राष्ट्र के प्यारों को,
मैं आवाज लगाता हूँ।।

मैं पर्व हूँ..........
अपने प्रत्येक.......

हिन्द मुकुट हिमालय जैसे,
वीरो तुम अखण्ड बनो।
शत्रु नजर ना उठा सके,
दीप्तिमान प्रचण्ड बनो।।

पर्वतराज सा धीरज रखो,
लाखो भूकम्प आने दो।
बस भारतीय बन जाओ,
इन्हें चीखने दो-चिल्लाने दो।।

त्याग साम्प्रदायिक कट्टरता को,
राष्ट्रीयता पर दे दो ध्यान।
भारत को बस भारतीयता का,
वीरो तुम दे दो वरदान।।

यह सारा झगड़ा तुम पर है,
स्वयं ही इसको मिटा डालो।
दंगा-फसाद मिटाने की,
इकलौती राह दिखाता हूँ।।

मैं पर्व हूँ..........
अपने प्रत्येक.......

महाशक्ति राष्ट्र के पहिए बनो,
पहिया-पहिया एक समान।
क्यूँ वर्गो में बँटे हुए हो?
जात-पात का क्यूँ गुमान?

वर्ग-जाति-सम्प्रदाय का,
त्याग करो, त्यागो अभिमान।
भारतीय हो, भारतीयता को,
बना भी लो अपनी पहचान।।

कब तक स्वार्थी नेताओं के,
हाथ की कठपुतली बने रहोगे?
कब तक ईर्ष्या और नफरत के,
कीचड़ में तुम सने रहोगे?

संकीर्णता का त्याग करो,
राष्ट्र की तुम संतान बनो।
जन-जन में जो सोयी पड़ी,
राष्ट्रीयता को आवाज लगाता हूँ।।

मैं पर्व हूँ..........
अपने प्रत्येक.......

जात-पात-वर्गों में बँटकर,
महाशक्ति राष्ट्र ना बन सकता।
दोनों दिशा में जोर लगे तो,
आगे नहीं यह चल सकता।।

देख रही यह सारी दुनियाँ,
देख रही तुम्हें ध्यान से।
मेरी तो आवाज यही है,
निकलो अब अज्ञान से।।

आगे बढ़ने की सोचो,
क्यूँ हठ लगाये बैठे हो?
उस देश के बारे में सोचो,
जिस देश में सारे रहते हो।।

तेर-मेर की बातें छोड़ों,
सारे मिलकर एक बनो।
भारत की सब संतान हो तुम,
भारतीय तुम्हें बुलाता हूँ।।

मैं पर्व हूँ..........
अपने प्रत्येक.......

वर्ग विशेष के हितकारी,
वो नेता राष्ट्र की बात करो।
दूरी बढ़ाना बन्द करो,
सभी वर्गों को साथ करो।।

बहुत कर चुके बँटवारा तो,
देश को ना बर्बाद करो।
सबसे ऊपर भारतीय बने हम,
एक यही फरियाद करो।।

हर बात को दिमाग से बोले,
किस बात से बात बनेगी।
जनता लड़कर भले मर जाए,
इनको दिखती दाल गलेगी।।

स्वार्थ में अँधे नेताओं ने,
यह माहौल बना डाला।
नरक सा दृश्य बना दिया,
वह दृश्य दिखाता हूँ।।

मैं पर्व हूँ..........
अपने प्रत्येक.......

नफरत का माहौल तो देखो,
मुद्दे विकास के भुला दिये हैं,
कटु वचनों का युद्ध छिड़ा है,
कर्म तो जैसे सुला दिये हैं।।

असमंजस में देख रहा हूँ,
यह कैसी तस्वीर बनी है?
प्रजा की क्या बात करूँ,
नेताओं में खूब ठनी है।।

सत्ता को कैसे सम्भालेंगे?
नहीं सम्भलती अपनी जुबान।
गाली-गलौच की भाषा संग,
उठे शाब्दिक तीर कमान।।

खूब ही कीचड़ उछल रहा है,
नहीं दिख रहा दीन-ईमान।
मैं शब्दों की रणभेरी से,
दीन-ईमान जगाता हूँ।।

मैं पर्व हूँ..........
अपने प्रत्येक.......

लूट-खसोट ना हो सकेगी,
यही सोचकर टूट पड़े।
ना खाएगा, ना खाने देगा,
यही सोचकर रूठ पड़े।।

कट्टर है ये मोदी हिन्दू,
मुसलमान को मारेगा।
लामबंदी की खातिर ही,
बोले ऐसे झूठ बड़े।।

ना हिन्दुओं को चाहा ज्यादा,
ना मुसलमान से भेद किया।
राष्ट्रभक्त कैसा होता है,
राष्ट्रीयता का परिचय दिया।।

प्रगति-पथ पर बढ़ जाने को,
ऐसी शख्सियत जरूरी है।
राष्ट्रीयता की नजरों से,
यह दृश्य दिखाता हूँ।।

मैं पर्व हूँ..........
अपने प्रत्येक.......

‘मौत का सौदागर’ जिसको बोला,
नहीं खेला उसने मौत का खेल।
घोटालेबाजों का दम घोटा,
कसी नोटबंदी की नकेल।।

ना ‘कातिल’ सा काम किया,
ना ‘यमराज’ सा कृत्य किया।
पर घोटालेबाज डरे हैं,
जड़ से उखड़ी, उनकी बेल।।

कोई रावण, कोई दलाल,
कोई यमराज बताता है।
सच तो यह है, दुकानबंदी का,
डर इनको सताता है।।

पर, जनता क्यूँ भटक रही है,
भ्रष्टाचारी अँधियारों में?
मैं सत्य की मशाल जलाकर,
अँधियारा मिटाता हूँ।।

मैं पर्व हूँ..........
अपने प्रत्येक.......

जनता ने जिसको चुनकर भेजा,
विरोध तुम उसका करते हो?
जनमत का अपमान कर रहे,
स्वार्थ में ऐसे मरते हो?

प्रत्येक कदम पर काँटे बोते,
जनमत को तुम भूल गये?
या फिर ऐसा हो सकता है,
अहंकार में भूल गये।।

मोदी का विरोध करो तुम,
जनता सबक सिखाएगी।
तुम पाक-साफ हो, मोदी दोषी,
फिर से भ्रम मिटाएगी।।

तुम बौने हो समक्ष मोदी के,
मोदी जैसा कोई नहीं।
मोदी के विरुद्ध मोदी को,
खड़ा हुआ मैं पाता हूँ।।

मैं पर्व हूँ..........
अपने प्रत्येक.......

मोदी राष्ट्रवादी है, सत्य,
तुम कहते कट्टरवादी है।
तुम जात-धर्म में बाँट रहे,
वो कहता भारतवासी है।।

स्वयं की जुबान सम्भले ना,
मोदी पर हल्ला करते हो।
अब तक दलाली करने वालो,
मोदी को दल्ला कहते हो।।

तुम लाख पाक बनो खुद में,
यह जनता सब कुछ देख रही।
समय आने पर सबक देगी,
जो जनता अब तक नेक रही।।

अभी समय है सुधरो तुम,
चुगली से आ जाओ बाज।
जनता कब की जाग गयी है,
मैं तुमको जगाता हूँ।।

मैं पर्व हूँ..........
अपने प्रत्येक.......

यही समय है सब सुधरो,
हर एक को सुधरना होगा।
भ्रष्टाचार की कालिख धोकर,
प्रत्येक को निखरना होगा।।

बहुत हो चुका जात-पात के,
नाम पर अब तक बँटवारा।
त्याग सम्प्रदायिक कट्टरता को,
एकत्व का लाओ उजियारा।।

विश्व का मुखिया यह देश बने,
मानवता का रक्षक भी।
सारी दुनियाँ का आदर्श बने,
दानवता का भक्षक भी।।

इस महान स्वप्न की पूर्णता हेतु,
समाज को आदर्श बनना है।
प्रत्येक जन आदर्श बने,
यही राह मैं पाता हूँ।।

मैं पर्व हूँ..........
अपने प्रत्येक.......

एक मोदी ना कर पाएगा,
हर एक मोदी हो, तो बात बने।
अकेला मोदी ना चल पाए,
तुम साथ चलो तो साथ बने।।

अखण्ड शक्ति है इस देश में,
पर जात-पात में बिखरी है।
लौह-अयस्क से क्या होगा?
सब तत्व मिले फौलाद बने।।

लड़-झगड़ कर, कब, कौन, कहाँ,
आगे बढ़ पाया है?
एक अपंग समाज के साथ,
ना देश कभी चढ़ पाया है।।

अब तो समझो इस बात को,
अब बदलाव ले आओ।
समाज, अब तुम भी बदलो,
मैं आवाज लगाता हूँ।।

मैं पर्व हूँ..........
अपने प्रत्येक.......

मोदी जी इस राष्ट्र के लिए निरन्तर सच्चे दिल से कार्य कर रहे हैं, यह सत्य है। परन्तु मेरा प्रश्न स्वयं से भी और सम्पूर्ण भारतीय समाज से भी कि क्या हम भी इस राष्ट्र के लिए कुछ करने के लिए तैयार हैं? क्योंकि मैं भी इसी समाज का एक हिस्सा हूँ और मुझे कहीं पर यदि भारतीयता के दर्शन होते हैं तो वह बस नाममात्र को अथवा कुछ चुनिंदा दिनों पर ही।

आज के समय में भारतीय समाज जिस प्रकार से निजी स्वार्थो मात्र में ही जीने लगा है, उससे तो यह नहीं लगता कि हमारा देश कभी महाशक्ति राष्ट्र बन पायेगा। क्योंकि कोई भी राष्ट्र सुयोग्य नेतृत्व के कारण बहुत अल्प समय के लिए विकास पथ पर चल सकता है, परन्तु यदि वास्तव में किसी राष्ट्र को महाशक्ति राष्ट्र बनना है तो उस राष्ट्र के सम्पूर्ण समाज को इस महान संकल्प में स्वयं को बाँधना होगा। उस राष्ट्र के सम्पूर्ण समाज को एक राष्ट्रीय अनुशासन को स्वीकार करना होगा तथा उस अनुशासन को सभी नागरिकों को अपने जीवन में व्यवहारिक रूप से अपनाना होगा।

“राष्ट्रीय भावना के साथ जीया गया अनुशासित जीवन ही सच्चा राष्ट्र-प्रेम प्रदर्शित करता है।”

किसी एक का पक्ष नहीं,
मनोभाव का उदगार है।
मेरे विवेक का परिणाम है,
मेरा यह निज विचार है।।

दूजे की निन्दा कर कोई,
पाक-पवित्र नहीं हो सकता।
स्वः दोष स्वीकार करे जो,
तब होता यह चमत्कार है।।

स्वयं में परिवर्तन ले आओ,
समाज पुनः स्वीकारेगा।
श्रेष्ठ समक्ष, सर्वश्रेष्ठ बनो,
श्रेष्ठ को नीचे उतारेगा।

बहुत कर चुके निन्दा चुगली,
क्या परिणाम आया है?
अब स्वयं में परिवर्तन लाओ,
यही बात बताता हूँ।।

मैं पर्व हूँ..........
अपने प्रत्येक.......

मर्यादा का उल्लंघन हो रहा,
यह बात क्रोध दिलाती है।
वैचारिक प्रगति के पथ पर,
अतिक्रमण कर जाती है।।

स्वयं को नेतृत्व कहने वाले,
ना समझो सा व्यवहार करे।
नैतिकता का त्याग कर चुके,
कथनी-करनी बेकार करे।।

समझ रहे जनता को पागल,
भौं-भौं भौंके जाते हैं।
जो दागी है जितने बड़े,
उत्तम अभिनय निभाते हैं।।

कथनी-करनी सब समझ रही,
यह जनता आक्रोश में है।
जनता का आक्रोश बढ़ा है,
मैं भी आक्रोश जताता हूँ।।

मैं पर्व हूँ..........
अपने प्रत्येक.......

राष्ट्र-निर्माण की बात ना दिखती,
केवल स्वार्थ ही दिखता है।
जात-पात, सम्प्रदाय में बँटकर,
दीन-ईमान भी बिकता है।।

कैसे तुम निर्माण करोगे,
महाशक्ति इस राष्ट्र का?
'स्वर्ण चिड़िया' ना बन पाएगा,
ऐसे तो बनेगा काष्ठ का।।

'सोने का बाज' बनाना है तो,
ना देर करो जाओ तुम जाग।
छोड़ भी दो ये नफरत-ईर्ष्या,
भेदभाव का छोड़ो राग।।

अभी समय है, एक बने सब,
विकास पथ पर साथ चले।
स्वर्ण बाज निर्माण हेतु,
जन को आवाज लगाता हूँ।।

मैं पर्व हूँ..........
अपने प्रत्येक.......

एक महान शासक के बल पर,
राष्ट्र तो आगे बढ़ता है।
प्रजा के अज्ञान के कारण,
शिखर तक नहीं चढ़ता है।।

राम-कृष्ण-अशोक सभी ने,
'सोने की चिड़िया' बनायी थी।
पर समाज की अपंगता ने,
वह पहचान गँवाई थी।।

जरा ध्यान से सुन ले जनता,
सारा ही समाज ध्यान धरे।
मोदी महान कार्य करता,
जनता भी महान काम करे।।

परिवर्तन है विकास की संज्ञा,
सामाजिक परिवर्तन ले आओ।
सशक्त समाज की कल्पना संग,
महाशक्ति राष्ट्र मैं पाता हूँ।।

मैं पर्व हूँ..........
अपने प्रत्येक.......

ब्राह्मण, क्षत्रिय, वैश्य, हरिजन,
एक की खलकत सारी है।
नासमझी में रहोगे कब तक?
अब समझने की बारी है।।

कुछ स्वार्थ साधने वाले,
नफरत की आग लगाते हैं।
स्वार्थ पूर्ति का जाल फैलाते,
झूठा भय दिखाते हैं।।

तुष्टीकरण का जो है समर्थक,
राष्ट्रहित कर सकता नहीं।
निज स्वार्थ में समाज जो डूबे,
राष्ट्र आगे बढ़ सकता नहीं।।

जिसको सबने चुनकर भेजा,
क्या उस पर विश्वास नहीं?
विश्व समूचा जाग उठा है,
मैं तुमको जगाता हूँ।।

मैं पर्व हूँ..........
अपने प्रत्येक.......

कभी-कभी जब कोई नेता तुष्टीकरण की बात करता है। भारतीय समाज के किसी एक तबके, एक वर्ग का हितैषी बनने का प्रयास करता है, तब यह सोचने पर अवश्य मजबूर हो जाता हूँ कि उस नेता को इस प्रकार से समाज को बाँटने वाली बातें करने की हिम्मत कहाँ से प्राप्त हुई?

उपरोक्त प्रश्न का उत्तर भारतीय समाज का प्रत्येक मानव जानता है, समझता है। क्यूंकि कहीं ना कहीं इन सभी नेताओं को, जो ऐसी बँटवारे वाली, तुष्टीकरण वाली, संकीर्ण मानसिकता युक्त बातें करते हैं। इन्हें हम सभी का सहयोग, हमारी ही स्वीकार्यता प्राप्त होती है। क्योंकि कहीं ना कहीं हम सभी राष्ट्रीयता से कहीं ज्यादा महत्व अपने सम्प्रदाय, अपनी जाति, अपनी भाषा, अपने क्षेत्र इत्यादि को देते हैं और इन्हीं संकीर्ण मुद्दों पर बात करने वाले व्यक्ति को सुनना व उसका अनुसरण करना भी एक सामाजिक सोच बनती जा रही है। यह सभी जानते हैं कि यह सामाजिक सोच राष्ट्रीयता की भावना को खोखला करती जा रही है और यह भी सभी जानते हैं कि तुष्टीकरण की बातें करने वाला प्रत्येक नेता

अपना स्वार्थ ही साधता है जबकि उसकी उन संकीर्ण बातों से समाज कई बार रक्त-रंजित होता है।

भारत-भाग्य-विधाता हर जन,
यह संविधान बताता है।
लोभी नेता बहका जनता को,
अपना भाग्य बनाता है।।

किसी नेता ने खोया नहीं,
किसी दंगे में अपना सगा।
हर दंगे में तुम्हें लडाकर,
हर नेता ने तुम्हें ठगा।।

अब भी समय है जाग जाओ,
केवल भारतीय बन जाओ।
ना हिन्दू, ना सिक्ख-मुस्लमाँ,
बस भारतवासी कहलाओ।।

भारत-भारतीयता-भारतवासी,
जो इनसे हटकर बात करे।
उसको वहीं सबक सिखा दो,
यह अरदास लगाता हूँ।।

मैं पर्व हूँ..........
अपने प्रत्येक.......

कोई किसी जाति का हिमायती,
कोई सम्प्रदाय लिए चीख रहा।
कोई तुष्टीकरण-कोई बँटवारा,
कोई कट्टरता को सींच रहा।।

कोई नफरत दिल में लिए है,
कोई दाँतों को है भींच रहा।
मैं हतप्रभ हूँ तुझसे मोदी,
तु ऐसे राष्ट्र को खींच रहा?

जिन लोगों में दिखती है,
बस जात-पात की अभिलाषा।
वो राष्ट्रीयता को समझेंगे,
व्यर्थ है तेरी यह आशा।।

शायद यही निराशा होगी,
जब 'नेताजी' थे बाहर गये।
तुझमें भी ऐ वीर मोदी,
'नेताजी' को पाता हूँ।।

मैं पर्व हूँ..........
अपने प्रत्येक.......

जब स्वयं का भाई साथ ना दे,
तब बाहर दोस्त बनाता है।
जब समाज चले ना विकास पथ पर,
बाहर से आस लगाता है।।

शक्ति प्राप्ति हेतु अब,
संगठन बनाना जरूरी है।
जब अपना समाज अपंग हो तो,
बाहर जाना मजबूरी है।।

पहले तो समाज सशक्त बनो,
तब मोदी से प्रश्न करो।
पहले संकीर्ण सोच को त्यागो,
एकत्व का जश्न करो।।

भारत का ही बेटा मैं भी,
हर भारतीय को समझाता हूँ।
जो समझे फटकार इसे,
तो फटकार लगाता हूँ।।

मैं पर्व हूँ..........
अपने प्रत्येक.......

देश धर्म की बात हैं करते,
पर, देश धर्म को माने ना।
जिस देश धर्म मिटा भगतसिंह,
उस देश धर्म को जाने ना।।

जो देश धर्म पर आ जाए,
वो छोटी सोच नहीं रखता।
जात-पात, निज स्वार्थ है क्या,
वो प्राणबलि से नहीं हटता।।

राष्ट्र शर्मिन्दा ऐसे समाज से,
जो संकीर्णता में डूबा है।
कीचड़ में लथपथ सुकर की भाँति,
कीचड़ से ना ऊबा है।।

अब तो निर्मल-पावन बनो,
देश धर्म को अपनाओ।
राष्ट्र प्रेम पावन जल से,
समाज को नहलाता हूँ।।

मैं पर्व हूँ..........
अपने प्रत्येक.......

विश्वगुरू जो बनना है तो,
तुमको जागना ही होगा।
यह दौड़ जीतनी ही है तो,
तुमको भागना ही होगा।।

जी-जान लगाकर दौड़ लगा,
ऐ वीर समाज तु उठ जा।
यह उचित समय, औछापन त्याग,
संकीर्णता से तु रूक जा।।

जो औछी नीची बात करे,
उन्हें जवाब देना सीख ले,
राष्ट्र की ताकत तु बन जा,
कमजोर ना बन, ना भीख ले।।

विश्वशक्ति मानव है तु,
ईश्वर की अद्वित्य रचना है।
तु भूला पराक्रम बजरंगी,
बल तेरा याद दिलाता है।।

मैं पर्व हूँ..........
अपने प्रत्येक.......

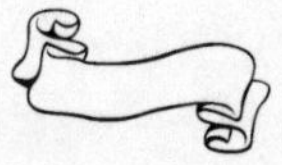

भारत एक महाशक्ति राष्ट्र बन सकता है, यह पूर्णतया सम्भव है। परन्तु भारत कब, कैसे, कितने समय में महाशक्ति राष्ट्र बन पाएगा, यह भारतीय नेतृत्व से कहीं ज्यादा भारतीय समाज पर निर्भर करता है। भारतीय समाज एक तरफ तो भारत को इस इक्कीसवीं सदी का महाशक्ति राष्ट्र बनाने का दबाव राजनीतिक नेतृत्व पर बनाता है, वहीं दूसरी तरफ हमारा यही समाज कई सदियों पुरानी सोच, सदियों पुरानी परम्पराओं, मानसिकताओं, व्यवस्थाओं से बाहर निकलने को किसी भी प्रकार से तैयार नहीं है। हम अपने घरों को आधुनिक बनाना चाहें तो उनमें परिवर्तन कराना होता है तो जब देश को आधुनिक युग की महाशक्ति बनाना हो तो क्यूँ नहीं, समाज को परम्पराओं, संकीर्णता व सदियों पुरानी व्यवस्थाओं को त्यागकर, नवीन युग की नवीन मान्यताओं को स्वीकार कर लेना चाहिए?

यदि कोई विकास पथ पर इस देश को लेकर चलने का प्रयास कर रहा है तो क्यूँ स्वयं दागी चरित्र वाले नेता अथवा दल उसके प्रत्येक कदम पर काँटे बिखेरने का काम कर रहे हैं?

मैं किसी भी प्रकार से किसी का व्यक्तिगत रूप से आलोचक नहीं हूँ, परन्तु यह सत्य मैं स्वीकार करता हूँ कि सत्कर्मों की प्रशंसा तथा दुष्कर्मो की निन्दा अवश्य करता हूँ।

हो रहे थे, दर्जनों घोटाले,
ना हुई कोई कार्यवाही कभी।
साफ-सुथरी सरकार के ऊपर,
चीख रहे हैं वो सभी।।

मोदी-राज पर चीखने वालों,
अपने चरित्र का मनन करो।
यदि कुछ समझ में आ जाये,
चुल्लू भरकर डूब मरो।।

जनता को तो तब समझाना,
पहले समझो अपना भेद।
छाज बोले तो कुछ समझें,
बोले छलनी हजार छेद।।

निन्दक नहीं किसी का निजी,
कर्मो की यह निन्दा है।
कर्म तुम्हारे बुरे थे,
तुमको याद दिलाता हूँ।।

मैं पर्व हूँ..........
अपने प्रत्येक.......

लोक-विरोधी नीति गर हो,
उसका विरोध कर लो तुम।
राष्ट्रहित के हेतु अपने,
सारे तरकश भर लो तुम।।

राष्ट्र-विरोधी नीति का तुम,
विरोध करो और द्वन्द करो।
साफ छवि मोदी पर हमला?
ना कीमत अपनी मन्द करो।।

खिसियानी बिल्ली दिखते हो,
खम्भा नोचना बन्द करो।
खुद ही हो तुम दुश्मन खुद के,
खुद से ही तुम जंग करो।।

उसको सब में बुराई दिखती,
जो स्वयं बुराई से भरा हुआ।
जब मोदी की बुराई करते,
तुम पर अफसोस जताता हूँ।।

मैं पर्व हूँ..........
अपने प्रत्येक.......

समय है आया बदलाव का,
राजनीति को साफ करो।
ऐसी भी क्या खता हो गयी,
जनता को अब माफ करो।।

अब भी सब्र धरे है जनता,
इसका सब्र ना खो जाये।
ढूँढ-ढूँढ कर सबक सिखाए,
कहीं ऐसा ना हो जाये।।

इसीलिए, मैं फिर कहता हूँ,
गन्दे बोल ना बोलो तुम।
नेतृत्व के लिए चुना है,
प्रत्येक शब्द को तोलो तुम।।

ना समझो तुम पागल इसको,
ये पब्लिक है, ये सब जानती है।
जनता हर हरकत को परखे,
यह अहसास दिलाता हूँ।।

मैं पर्व हूँ..........
अपने प्रत्येक.......

कटुवचन शायद लगे,
पर सत्य वचन मैं बोल रहा।
राष्ट्रनीति की पवित्र तुला पर,
कर्म-वचन, सब तौल रहा।।

कर्म-वचन अब घातक हो गये,
तीर-कमान या बाणों से।
युद्ध जुबानी छिड़े हुए हैं,
शासक-राजा-राणों से।।

राष्ट्र के प्रत्येक नेता से,
मेरा एक प्रश्न है ये।
राष्ट्रीय गरिमा तार-तार है,
कैसा आपका जश्न है ये?

मर्यादा की हत्या करते,
पक्ष-विपक्ष के हत्यारे।
मैं मर्यादा की हत्या पर,
बारम्बार, मातम मनाता हूँ।।

मैं पर्व हूँ..........
अपने प्रत्येक.......

यह कैसे करतब किये हैं?
किया है तुमने कैसा काम?
तुष्टीकरण संग भेद किया,
बाँटे शमशान और कब्रिस्तान।।

यह कैसा शासन किया है?
कैसा काम बोलता है?
जिन्दा व मुर्दा भी बाँटे,
सोचकर खून खौलता है।।

तुम कर गुजरे, क्या बात हुई?
वो बोले भी तो पाप है ये?
जला रहे थे प्रदेश को तुम,
तुम्हें जलाने वाला ताप है ये।।

मानवता को बाँटने वाला,
कोई भी हो, लानत है।
बाँटने वालों को उनकी मैं,
औकात याद दिलाता हूँ।।

मैं पर्व हूँ..........
अपने प्रत्येक.......

चला रहे हैं नफरत के आज,
तीर तलवार और भाले भी।
जख्मी सारा देश हो गया,
सारे जिस्म पर छाले जी।।

किसी एक को शर्म ना आती,
बेशर्मी का आलम है।
संकीर्णता, आज सजनी बनी है,
औछापन बन गया बालम है।।

राष्ट्रहित का पहरेदार हूँ,
व्यापारी-साहूकार नहीं।
मेरे शब्द तीव्र धार हैं,
क्योंकि मैं चाटूकार नहीं।।

मेरे शब्दों की वर्षा है ये,
जहाँ गड्ढा होगा, पानी मरेगा।
जगह-जगह पर गड्ढे हैं जी,
आओ आज दिखाता हूँ।।

मैं पर्व हूँ..........
अपने प्रत्येक.......

ना मुझको यह डर है प्यारो,
मेरा क्या होने वाला है।
हँसते-हँसते फाँसी चढ़ता,
इन्कलाब ना रोने वाला है।।

भगत सिंह आज मौजूद नहीं तो,
क्या इनको मौज उड़ाने दूँ?
भारत माँ को नोच रहे गिद्ध,
नोच-नोच कर खाने दूँ?

युवा पीढ़ी इस देश की, सुन ले,
कर्ज चुकाने का वक्त है।
जिस तख्त पर झूला भगत सिंह,
चीख रहा वह तख्त है।।

क्या रगो में रक्त नहीं है?
या उसमें उबाला ना आता?
वो कहाँ से आवाज देगा,
लो मैं आज बुलाता हूँ।।

मैं पर्व हूँ..........
अपने प्रत्येक.......

भगत सिंह अमर रहे,
यह नारे तो लगाते हो।
भ्रष्टाचार को सह कर, पल-पल,
भगत सिंह मरवाते हो।।

लानत उस प्रत्येक युवा पर,
जो आगे बढ़कर ना आए।
भ्रष्ट असेम्बली सदा काँपे,
हर तरफ भगत सिंह छा जाये।।

विस्फोट करो, ना प्रहार करो,
पर, भ्रष्टाचार पर वार करो।
'आजाद', 'बोस' को याद करो,
संकीर्णता का संघार करो।।

शहीदों के स्वप्न पूर्ण करो,
महाशक्ति निर्माण करो।
कर्ज चुकाना है शहीदों का,
तुमको याद दिलाता हूँ।।

मैं पर्व हूँ..........
अपने प्रत्येक.......

मोदी कुछ ना भी करे तो,
हमस ब को तो करना है।
देश की खातिर जीना सीखो,
नहीं किसी से डरना है।।

ना दोष लगाओ दूजे पर,
स्वयं से ही शुरूआत करो।
राष्ट्रहित के कर्म करो,
और मानवता की बात करो।।

महाशक्ति यह राष्ट्र बनाना,
तो नहीं किसी से आस करो।
स्वयं चलो, प्रत्येक चलो,
स्वयं पर ही विश्वास करो।।

वचनों का अल्प प्रयोग करो,
कर्मो से पहचान बनाओ।
कर्मयोग की सीढ़ी चढ़कर,
मंजिल को मैं पाता हूँ।।

मैं पर्व हूँ..........
अपने प्रत्येक.......

लाशों के ढेर पर बैठने वाले,
मोदी को यमराज कहें।
अर्द्धशतक तक बोटी चाबी,
वो, मोदी को बाज कहें।।

ना खा रहा, ना खाने देता,
क्या तस्वीर बनी है ये।
राजनीति व राष्ट्रनीति में,
भयंकर जंग ठनी है ये।।

राष्ट्रनीति बस राष्ट्र की खातिर,
राजनीति सत्ता के लिए है।
अब यह निर्णय तुम्हारा होगा,
तुम्हें जलाने किसके दिये हैं।।

उचित समय है, सब सम्भलो,
संकीर्णता से ऊपर उठो।
राष्ट्रहित में राष्ट्रनीति की,
परिभाषा मैं लाता हूँ।।

मैं पर्व हूँ..........
अपने प्रत्येक.......

सभी लूटेरे चीख रहे हैं,
मोदी सिर्फ बयानवीर हैं।
सत्य मगर कुछ और है प्यारो,
नहीं मिल रही उन्हें खीर है।।

भ्रष्टाचार की खीर पसन्द थी,
वह सारे चिल्लाते हैं।
भारत एक ही राष्ट्र है, भूले,
गुजरात का बेटा बताते हैं।।

गुजरात का बेटा एक और था,
जिसे 'राष्ट्रपिता' कहते हैं।
जिसके नाम के नीचे पप्पू,
युवराज बनकर रहते हैं।।

यह गुजराती भी तो सुन लो,
फौलादी राष्ट्र बना रहा।
अखण्ड राष्ट्र का निर्माता,
'सरदार' याद दिलाता हूँ।।

मैं पर्व हूँ..........
अपने प्रत्येक.......

कोई शेर हो मोदी सा, तो
उसको सबके सामने लाओ।
महानायक मोदी के सामने,
खलनायक मोदी ना बनाओ।।

या फिर यह स्वीकार करो,
मोदी जैसा कोई नहीं।
मोदी को पछाड़ सके जो,
ऐसी करनी बोई नहीं।।

मोदी वर्सेज मोदी की,
जंग तुम करवाते हो।
क्योंकि मोदी के सामने,
स्वयं को नीचा पाते हो।।

कर्मो से मोदी छवि बनाये,
तुम सिर्फ छवि बिगाड़ रहे।
मोदी वर्सेज मोदी की,
परिभाषा समझाता हूँ।।

मैं पर्व हूँ..........
अपने प्रत्येक.......

तुम कितना भी अनदेखा कर लो,
देश तो प्यारो बदल रहा है।
कहीं तो कुछ जल रहा है,
तभी तो धुआँ निकल रहा है।।

सभी का सिर्फ एक ही दुश्मन,
केवल एक निशाना है?
लूट तन्त्र का अन्त है ये,
इन सबने ये जाना है।।

इनकी ऐश थी लूट तन्त्र में,
लूटतन्त्र पर खड़ा सवाल।
लूटतन्त्र की रक्षा हेतु,
करते हैं ये इतने बवाल।।

कोई कहे इसे कड़वी बोली,
या चिंगारी लगाता हूँ।
सत्य तो यह है, लूटतन्त्र में,
मैं तो आग लगाता हूँ।।

मैं पर्व हूँ..........
अपने प्रत्येक.......

लूट-खसौट मची हुई थी,
घोटालों का शोर था।
'सरदार' हमारा खामोश था बैठा,
सारा कुनबा चोर था।

निकल-निकल कर आ रहे थे,
भूत-प्रेत और जिन्नात।
राष्ट्र का दम घोट रहा था,
'खूनी पंजा', कातिल हाथ।।

इन वर्षों में किया ही क्या है?
मोदी जी जरा बतलाओ।
इकलौता कोई घोटाला हो तो,
जरा निकालो, सामने लाओ।।

मोदी की चुगली करने वालों,
चुगली करना छोड़ भी दो।
चुगलबाज की कोई ना सुनता,
सामाजिक सत्य बताता हूँ।।

मैं पर्व हूँ..........
अपने प्रत्येक.......

चीख-चीख कर थक गये देखों,
जनादेश फिर आया है।
किसका काम बोल रहा है,
जनता ने दिखलाया है।।

मुस्लिम क्षेत्रों में कमल खिला है,
बड़ा अचरज जताते हैं।
अपने कर्मो पर नजर नहीं,
ई.वी.एम. में खोट बताते हैं।।

जनता को मूर्ख समझ रहे थे,
इसीलिए खिला है फूल।
जनता ने जो सबक दिया है,
मत इसको तुम जाना भूल।।

महानायक को खलनायक कहना,
अब तो प्यारो बंद करो।
अन्यथा फिर से मात मिलेगी,
यह सत्य दोहराता हूँ।।

मैं पर्व हूँ..........
अपने प्रत्येक.......

मैंने कहा है कि प्रत्येक व्यक्ति की आवश्यकताएँ, उसकी आकांक्षाए तथा विचारधारा भिन्न-भिन्न हो सकती हैं। अतः यह सम्भव है कि अनेकों लोगों को मोदी जी व उनका कार्य अच्छा ना लगे। इसके अनेकों व्यक्तिगत कारण, राजनैतिक कारण अथवा वैचारिक कारण हो सकते हैं और शायद यही कारण भी है कि कुछ राजनीतिक दल व उनसे जुड़े लोग मोदी जी को कोस रहे हैं। परन्तु यह स्पष्ट करना चाहूँगा कि व्यक्तिगत कारणों से भले ही मोदी जी की कार्यपद्धति किसी को उचित ना लगे। परन्तु यदि राष्ट्रीय हितों को सर्वोपरि मानकर राष्ट्रीय सोच के साथ आप मोदी जी के कार्यों को, उनकी कार्यशैली को पुनः अवलोकन करें, तो शायद परिणाम कुछ अलग दिखायी दे।

जिन लोगों के शासनकाल में स्वयं उनके अधिकांश मंत्रियों ने अनेकों घोटाले किये हो, उन लोगों को मोदी जी पर कुछ भी बयान देने से पहले, कोई भी आरोप लगाने से पहले स्वयं के शासनकाल को, स्वयं के इतिहास को देखना चाहिए और शान्त बैठकर राष्ट्र की प्रगति को सहयोग करना चाहिए।

वो मोदी को कोस रहे,
पर मोदी, अच्छा काम करे।
सौ टका मोदी ना खरा,
पर तुम बतलाओ कितने खरे?

मोदी पर उँगली उठाने वालों,
खुद के दामन में झाँक लो तुम।
ये देश समझा मोदी का मूल्य,
अपनी कीमत तो आँक लो तुम।।

मैं शब्दों का साहूकार हूँ,
तुम, अति सुलझे राजनीतिज्ञ हो।
मेरे शब्द दिल से निकलते,
तुम वचनों के कूटनीतिज्ञ हो।।

वचन बोलकर पलट जाते हो,
कुण्डली मारे, सर्प हो तुम।
मैं शब्दों की बीन बजाकर,
सर्पो को रहता नचाता हूँ।।

मैं पर्व हूँ..........
अपने प्रत्येक.......

विजयी-विश्व-तिरंगा प्यारा,
गाने भर से क्या होगा?
आत्मा ही जब मैली हो तो,
नहाने भर से क्या होगा?

सोये हुए ऐ वीर युवाओं,
अब तो नींद से उठ जाओ।
विजयी-विश्व-तिरंगा प्यारा,
इस महायज्ञ में जुट जाओ।।

फिर से कहता हूँ मत उलझो,
इस भेदभाव बँटवारे में।
अपना स्वार्थ साधते हैं,
झगड़ा कराते तुम्हारे में।।

कब तक यूँ नादान रहोगे,
अब नादानी छोड़ भी दो।
परिपक्व बनो, परिपक्वता का,
अहसास तुम्हें दिलाता हूँ।।

मैं पर्व हूँ..........
अपने प्रत्येक.......

साम्प्रदायिक संगठन नफरत बाँटे,
बाँटे नफरत राजनीतिक दल।
बाँट रहे है समाज को यें सब,
लगा रहे हैं पूरा बल।।

सत्ता का इन सबको स्वार्थ है,
राष्ट्र की हानि करते हैं।
एक राष्ट्रभक्त के सामने,
सारे पानी भरते हैं।।

दिल सच्चा है उस मोदी का,
जिसको छलिया कहते हो।
रंग लाकर भरता राष्ट्र में,
जिसको रलिया कहते हो।।

चीख-चीख कर क्या बतलाते,
जनता को अन्धा समझे हो।
ये पब्लिक है, ये सब जानती है,
यह गीत याद दिलाता हूँ।।

मैं पर्व हूँ..........
अपने प्रत्येक.......

विश्वबन्धुत्व-जगद्गुरू की,
संज्ञा झूठी लगती है।
मुझको मेरे भारतवर्ष की,
किस्मत रूठी लगती है।।

क्यूंकि मेरे देश का युवा,
झगड़ों में व्यस्त हुआ है।
मानवता का परिचायक ये,
दानवता से ग्रस्त हुआ है।।

ऐसी चीख पुकार मची है,
चारों तरफ चीतकार।
सम्प्रदाय तो दिख रहा है,
नहीं दिखते बलात्कार?

एक अकेला मोदी भी,
क्या भाड़ फोड़ सकेगा।
पर आग छोड़ने को मैं,
अग्नि गीत ये गाता हूँ।।

मैं पर्व हूँ..........
अपने प्रत्येक.......

सम्प्रदाय की बात करो ना,
जात-पात में बाँटों ना।
अपराधी को अपराधी बोलो,
सगा-पराया छाँटों ना।।

राष्ट्र की सत्ता माँगने वालों,
राष्ट्रीयता स्वीकार नहीं।
बँटवारे की बात हो करते,
एकत्व का विचार नहीं।।

कैसे तुमको सत्ता सौंप दे,
लूटतन्त्र फिर लाने को?
कैसे गद्दी पर बैठाएं,
लोकतन्त्र जलाने को?

सत्ता को जागीर ना समझो,
खुद को राज-परिवार नहीं।
भूल गये हैं, युवराज बने जो,
मैं आभास कराता हूँ।।

मैं पर्व हूँ..........
अपने प्रत्येक.......

राष्ट्रभक्त का सम्मान करता हूँ,
मोदी का गुणगान नहीं।
मुझको तो यह सेवक दिखता,
दिखता यह सुल्तान नहीं।।

सत्ता से मोह है तुम्हारा,
मोदी में यह दिखता नहीं,
राष्ट्र प्रेम तो दिल में होता,
बाजारों में बिकता नहीं।।

राष्ट्र प्रेम जगा लो खुद में,
दिल में अपने झाँक तो लो।
मोदी के सामने टिक पाओगे?
पहले खुद को आँक तो लो।।

स्वार्थयुक्त है कर्म तुम्हारे,
निस्वार्थता मोदी में है।
स्वार्थ और निस्वार्थता का,
अन्तर यहाँ पर पाता हूँ।।

मैं पर्व हूँ..........
अपने प्रत्येक.......

नवयुग का शँखनाद फूँकता,
जो सुन ले वो जाग जाये।
महाभारत अब छिड़ने वाला,
हर अर्जुन 'गाण्डीव' उठाये।।

दुष्टों की दासी बन गयी,
राजनीति, फिर मग्न हुई।
कृष्ण कहाँ पर भटक गये?
लाखों द्रोपदी नग्न हुई।।

रासलीला का त्याग करो,
नारी की लाज बचाओ तुम।
बंसी बजाना अब छोड़ो,
समय है, चक्र चलाओ तुम।।

इस युग के पाण्डव बन जाओ,
दुष्टों पर प्रहार करो।
हार कभी ना होने दूँगा,
गह विश्वारा दिलाता हूँ।।

मैं पर्व हूँ..........
अपने प्रत्येक.......

यह देश जो सदियों गुलाम रहा,
इसे विश्व-विजेता बनना है।
बहुत चल चुके पीछे-पीछे,
आगे बढ़ नेता बनना है।।

नेतृत्व अपना ऐसा हो,
जो विश्व शान्ति ले आयें।
सारा विश्व एक परिवार बने,
हम ऐसी क्रान्ति ले आयें।।

मानवता एकमात्र मार्ग है,
इस महान लक्ष्य की खातिर।
त्यागो संकीर्णता, मानव बनो,
ना दुष्ट बनो, ना बनो शातिर।।

जगद्गुरू यह राष्ट्र बने,
मेरा यह सुन्दर स्वप्न है।
यह स्वप्न सभी का ही है,
बस इतना याद दिलाता हूँ।।

मैं पर्व हूँ..........
अपने प्रत्येक.......

महाशक्ति जो राष्ट्र बने, वो,
मानवता का रक्षक हो।
दो-मुँहा सर्प ना हो वो,
ना, नाग कोई वो तक्षक हो।।

मानवता की रक्षा करना,
शक्ति की जिम्मेदारी है।
यहाँ, मानवता की हत्या होती,
कैसी यह तैयारी है?

नफरत की पहले आग बुझाओ,
देश में पहले शान्ति करो।
राष्ट्रीयता व मानवता को,
समाज उठो, एक क्रान्ति करो।।

यह विश्व जल रहा नफरत में,
मानवता की दरकार है।
बस इसीलिए, मैं इसीलिए,
मानवता को जगाता हूँ।।

मैं पर्व हूँ..........
अपने प्रत्येक.......

संकीर्णता की राह पर चलना,
अब तो प्यारो छोड़ भी दो।
मानवता को बाँटने वाली,
सारी परम्परा तोड़ भी दो।।

मानवता को धारण करके,
महाशक्ति निर्माण करो।
नवयुग के तुम वीर युवा हो,
स्वयं की तुम पहचान करो।।

बहुत हो चुका, ऊँच-नीच,
जात-पात का बँटवारा।
आओ करे निर्माण नवयुग का,
ले मानवता का आधारा।।

क्यों पालते नफरत-बैर,
क्यों जान गँवाते दंगों में।
सब के सब मानव ही हो,
मानवता याद दिलाता हूँ।।

मैं पर्व हूँ..........
अपने प्रत्येक.......

विश्व का मुखिया बनना है तो,
मुखिया जैसी सोच करो।
कठोरता का त्याग करो, और,
परिवर्तन की लोच भरो।।

जात-पात-मजहब त्यागो,
मानवता को अपनाओ।
ये जंग जीतने से पहले,
स्वः विजेता बन जाओ।।

नव-युग है, नवीन पीढ़ी,
नव-शक्ति का संचार करो।
मानव का भविष्य मानवता,
मानवता का प्रसार करो।।

त्याग कर सारी संकीर्णता,
मानव युग की नींव धरो।
नव-युग की इस युवा पीढ़ी का,
आह्वान कर जाता हूँ।।

मैं पर्व हूँ..........
अपने प्रत्येक.......

चलना है सबको, बहुत संभलकर,
फिसलन भरी यह डगर है।
हम फिसलेंगे, गिद्ध लपकेंगे,
बहुतों की हम पर, गिद्ध नजर है।।

चलना है हमें, बहुत संभलकर,
मंजिल अपनी जरा दूर है।
कुछ भी अधूरा नहीं छोड़ना,
नहीं छोड़नी कोई कसर है।।

चलो, चले अब नई डगर पर,
नई मंजिल को पाना है।
सारे जहाँ से अच्छा, हिन्दुसताँ,
मिलकर हमें बनाना है।

किसी एक के प्रयासों से,
महाशक्ति ना बन पाएगा।
मिलकर सब प्रयास करेंगे,
यही शपथ दिलाता हूँ।।

मैं पर्व हूँ..........
अपने प्रत्येक.......

यह दो बात मोदी के लिए भी,
मोदी जी इनका रखना ध्यान।
अपराधी को बख्श ना देना,
सज्जन का रखना सम्मान।।

अपराधी, बस अपराधी है,
किसी जात या वर्ग से हो।
सज्जन और दुर्जन का निर्णय,
व्यक्ति मात्र के कर्म से हो।।

प्रगति की पहचान बने तुम,
एकत्व की पहचान बनो,
केवल राम ना बनकर रहना,
साथ में तुम रहमान बनो।।

जो कातिल हो, आतंकी हो,
उसका शीघ्र संघार करो।
जो सज्जन हैं, उनके लिए,
अभयदान मैं चाहता हूँ।।

मैं पर्व हूँ..........
अपने प्रत्येक.......

मोदी जी यह ध्यान रहे,
आप जनता के आदर्श हो।
इस देश की आशा हो तुम,
महान सेनापति सादर्श हो।।

अपने पद की गरिमा का,
सदा सर्वदा ध्यान रहे।
आपका चरित्र, राष्ट्र चरित्र है,
इस बात का भान रहे।।

जिस पद पर विराजमान हो,
उस पद का मान रहे।
दुष्ट जनों को सबक सिखा दो,
सज्जन का सम्मान रहे।।

निष्पक्ष समाज बनाना है, तो,
निष्पक्षता से काम करो।
नफरत के गहरे घावों पर,
निष्पक्ष मरहम लगाता हूँ।।

मैं पर्व हूँ..........
अपने प्रत्येक.......

अन्तिम पंक्तियों के साथ मोदी जी से भी यह कहना चाहूँगा कि जिस प्रकार मैं आपको एक राष्ट्रीय आदर्श के रूप में देख रहा हूँ, शायद पूरा देश आपको उसी राष्ट्रीय आदर्श के रूप में देख रहा है। अतः यह प्रार्थना अवश्य करूँगा कि आप हमेशा इसी प्रकार राष्ट्रीय चरित्र के साथ राष्ट्र को निरन्तर आगे लेकर बढ़ते रहना। कभी भी किसी भी प्रकार का सौतेलापन या भेदभाव किसी एक भी व्यक्ति के साथ ना हो, यही मेरी एकमात्र इच्छा है।

मेरी इच्छा मात्र यह है कि मेरे देश का प्रत्येक व्यक्ति भारतीयता को अपने दिल से धारण करे तथा सभी संकीर्णताओं को पीछे छोड़कर राष्ट्रीयता को अपनाए। मेरी किसी भी व्यक्ति अथवा दल या संगठन से कोई भी निजी शत्रुता नहीं है। परन्तु जब कभी भी देश-हित के विपरीत कोई भी कार्य करेगा, मैं उसकी खुले शब्दों में निन्दा करूँगा तथा वही व्यक्ति यदि देशहित का कार्य करेगा तो अवश्य ही मैं उसकी प्रशंसा भी करूँगा।

मेरी भावनाओं को समझकर उन्हें अपनाने वाले प्रत्येक व्यक्ति का हार्दिक धन्यवाद।

राजपाट, हर दल से भिन्न हूँ,
मैं तो मात्र एक कवि हूँ।
शब्दों से प्रकाश करता हूँ,
शब्दकोष का 'लघु' रवि हूँ।।

आज किसी के कर्मो का,
प्रशन्सक हो सकता हूँ।
दुष्कर्मो पर उसके, कल,
विध्वंसक हो सकता हूँ।।

जिनका आचरण, राष्ट्र विरोधी,
आज फटकार लगाऊँगा।
कल नीयत उनकी साफ हुई तो,
मैं जयकार लगाऊँगा।।

मेरे भावों को समझ सको तो,
समझो, और सुधार करो।
सब सुधरे, यह राष्ट्र सँवरे,
बस इतना ही तो चाहता हूँ।।

मैं पर्व हूँ, मैं कवि हूँ,
मैं कविता गाता हूँ।
अपने प्रत्येक शब्द में,
राष्ट्र की व्यथा सुनाता हूँ।।

मेरी यह कविता 'आह्वान' मेरे देश के उन सभी नौजवानों के लिए जिन्होंने अभी-अभी जवानी की दहलीज पर कदम रखा है और जो प्रत्येक दशा को अनदेखा करके मात्र जवानी व उसके आनन्द में ही खोये हुए हैं। यह आह्वान वर्तमान युग के युवाओं के भीतर सोये कृष्ण व अर्जुन को जगाने के लिए, इन युवाओं को अपने पूर्ण व्यक्तित्व का अहसास दिलाने के लिए समर्पित है।

आशा है इस कविता के मर्म को समझने का प्रत्येक युवा प्रयास करेगा तथा जवानी के एक पहलू 'आनन्द' के साथ ही जवानी के ही दूसरे पहलू 'जिम्मेदारी' को भी समझकर राष्ट्रीय हितों के लिए अपनी सहभागिता तय करेगा। यदि ऐसा हुआ तो मैं अपनी इस कविता को सार्थक समझूँगा।

आह्वान

4

दौर-ए-जवानी में फिसलना,
बड़ी बात नहीं है।
अन्धेरा होता ना हो जिसमें,
वो रात नहीं है।।

अन्धेरों को मिटाने वाला ही,
एक सूरज होता है।
और जो सूरज ना बने,
वो राष्ट्र की औलाद नहीं है।।

इसलिए ऐ मेरे प्यारो,
अब ना देर करो तुम।
अन्धेरों से अपने वतन को,
बचाकर दिखाओ।।

कर दो राजनीति नाम की,
गन्दगी को साफ।
राष्ट्रहित में अब,
राष्ट्र नीति अपनाओ।।

देते हो कई सौगाते,
अपनी प्रेमिका को तुम।
वतन के लिए प्यारो,
क्यूँ सौगात नहीं है?
दौर-ए-जवानी........
रचा चुके हो रासलीला,
अब तो बहुत तुम।
अब चक्र उठाने की भी,
तैयारी कर लो।।

महाभारत, इस बार भी,
अपनो से ही है।
तरकश में अपने सारे,
तीर तुम भर लो।।

गाँडीवधारी अर्जुन,
तुम हो इस रण के।
ना समझो कि तुम में,
वो बात नहीं है।।

दौर-ए-जवानी.............
अन्धेरा होता ना..........

क्यूँ गुमराह हो जाते हो,
किसी के बहकावे में।
स्वयं को पहचान दो,
एक हिन्दुस्तानी के रूप में।।

खुद ना बनो अश्व,
हाँकों जमाने को।
पहचान बनाओ तुम,
ऐसी जवानी के रूप में।।

बरसाओ जी भरकर,
हर किसी पर प्रेम-रस।
जो हर जगह ना बरसे,
वो बरसात नहीं है।।

दौर-ए-जवानी.............
अन्धेरा होता ना..........

वर्तमान राष्ट्रीय परिदृश्य में जब मैं राष्ट्रीयता की बात करता हूँ तो यह बात मुझे काफी हद तक निरर्थक सी लगती है। क्यूँकि प्रत्येक बार मुझे आभास होता है मानवता के लोप का तथा मानवता के ऊपर हावी होती जा रहे संकीर्ण मानसिकताओं का। साम्प्रदायिक, जातीय, भाषायी व क्षेत्रीयता जैसी संकीर्णताएँ आज मानवता पर हावी हो गयी हैं। ऐसे समय व राष्ट्रीयता की बात बेमानी सी लगती है। तब ऐसे समय में भारतीय समाज तथा प्रत्येक मानव मात्र के लिए एक संदेश जो दिल से निकलता है। वह एक कविता के रूप में आप सभी के सामने प्रस्तुत करता हूँ।

मुझे लगता है कि राष्ट्रीयता की भावनाका विकास तभी सम्भव है जब हम प्रत्येक व्यक्ति को संकीर्ण मानसिकता से बाहर निकाल सकें। और इसका एकमात्र उपाय है, मानवता की स्वीकार्यता।

आओ चलें दूर,
नफरतों के शोर से।
एक नयी शुरूआत करें,
प्रेम की भौर से।।

आओ चलें दूर नफरतों के शोर से

S

आओ खा लें कसम,
ना बहायेंगे रक्त कभी।
कभी भी इंसानियत का,
ना कत्ल करेंगे।।

साथ मिलकर चलेंगे,
मानवता की राह पर।
संसार में समानता व,
मोहब्बत के रंग भरेंगे।।

करेंगे पूजा या इबादत,
अरदास या प्रार्थना।
ना कोई फरमान,
ना ही फतवा सुनेंगे।।

जो लेकर जाएगी,
मानवता की मंजिल पर,
आओ सारे मिलकर,

वह राह चुनेंगे।।

चलेंगे हम अब बस,
उसी राह पर।
जो ले जाए दूर हमें,
नफरतों के शोर से।।.......आओ चले दूर......

क्यों, धर्म के नाम पर,
लड़ रहे हैं हम?
क्यों, सम्प्रदायों में बँटकर,
कट रहे हैं हम?

मानव हैं हम सभी,
यह जानकर भी, क्यूँ
ऊँच-नीच में अब तक,
बँट रहे हैं हम?

एक रब है, नाम अनेक,
ईबादत के तरीके अनेक।
नमाज पढ़ लो या फिर पूजा,
रब की मर्जी, दिल हो नेक।।

आओ छोड़े, लड़ना-झगड़ना,
मरना-मारना छोड़े अब।
एकत्व की राह अपनाकर,
बन जाए एक हम सब।।

आओ फिर मिलवर्तन लाएँ,
आओ फिर प्यार अपनाएँ।
मानवता की डोरी ले लो,
बँधे एकत्व की डोर से।।......आओ चले......

ये रंग-वर्ग, ये जात-पात,
बस नफरत ही तो देते हैं।
ये अलगाव, ये क्षेत्रवाद,
बस जानें ही तो लेते हैं।

ये कड़वी बोली, ये द्वेषभाव,
क्यूँ, दिलों में पाले बैठे हो?
ये खँजर हैं जहर भरे,
बस घाव ही तो देते हैं।।

मानव हो, विवेकशील हो,
अविवेकी बन बैठे हो।
जीवित हो, जीवित होकर,
मुर्दो की भांति ऐंठे हो।।

श्रेष्ठ बनो, सर्वश्रेष्ठ बनो,
सर्वप्रथम मानव तो बनो।
मानवताहीन हृदय हो तो,
खुद को मानव क्यूँ कहते हो?

मानवता का ह्रास हुआ है,
दुनियाँ हा-हाकार करे।
क्या मानवता शेष है तुम में?
देखो स्वयं को गौर से।।.........आओ चले......

ऊँच-नीच की खाई पाट दो,
समानता की ओर बढ़ो।
इस धरती को स्वर्ग बना लो,
अज्ञानी बनकर ना लडो।।

एकमात्र, बस एक ही जीवन,
प्रत्येक जन को मिला है।
व्यर्थ में लडकर, इसे गँवाकर,
ना स्वाह होओ, ना धरा में गडो।।

हर पल नफरत में जलना,
ये ईर्ष्या द्वेष सिखलाता है।
ये सम्प्रदाय, ये जात-पात,
मानव का रक्त बहाता है।।

है मानव तु, मानव धर्म तेरा,
मानवता तेरी जाति है।
हर बार नफरत में जलता,
जब मानवता भुलाता है।।

चलो उठो एक बार फिर,
बढ़ चले प्रेम राह पर।
चले उस प्रेम छोर पर,
इस नफरत भरे छोर से।।......आओ चले......